KB219169

한뼘
속담

— 세계편 —

한뼘 속담〈세계편〉

초판 1쇄 발행 2025년 5월 9일

엮은이 꿈틀러스 / **펴낸곳** 아이디어스토리지 / **펴낸이** 배충현
출판등록 2016년 10월 14일(제 2016-000203호)
전화 (031)970-9102 / 팩스 (031)970-9103
이메일 ideastorage@naver.com

ISBN 979-11-989580-3-7 (03700)

한뼘
속담

- 세계편 -

'인류의 지혜'가 함축된
세계의 속담

'속담'(俗談)은 오랜 시간 동안 수많은 사람들의 경험과 지혜
가 함축돼 있는 관용적 표현이라 할 수 있다. 명언과 달리
누가 처음 만든 문장인지는 알 수 없지만, 내용과 표현이 수
많은 사람의 공감을 얻어 구전된 것이 속담의 특징이다.

특히 함축된 문장에서 전달하고자 하는 의미를 적절히 내포
하고 있어, 대화나 문장을 더욱 풍부하게 해주는 역할도 한
다. 또한 여러 상황을 상징하거나 대중들의 공감을 얻을 수
있다는 점에서 세대 간 정보를 전달하고 삶의 지혜를 나누
는데 속담의 표현은 효과적으로 활용된다.

흥미로운 것은 전 세계 인류의 역사에서 다양한 인종과 나라
사람들이 비슷한 속담을 전하는 예가 많다는 점이다.

아주 오랜 옛날 교통과 통신 등의 미비로 지구촌 여러 지역 사람들의 교류가 힘들었을 때도 비슷한 의미로 활용되고 삶의 여러 상황을 시의적절하게 표현한 속담들이 전해지고 있다는 점도 주목된다. 바로 전 세계 어느 지역에서 어떤 삶을 영위하더라도 '인간'이라는 존재가 생존하면서 터득한 지혜와 정보를 후세에 전달하고 싶은 욕망이 비슷했다는 점도 '속담'의 표현을 통해 투영해 볼 수 있다.

이 책은 한국과 아시아 지역은 물론 유럽, 아메리카, 중동, 아프리카 등 전 세계 주요 지역에서 구전돼 온 대표적 속담을 선별해 의미와 표현을 전달하고 있다. 영어와 함께 속담의 표현을 병기한 것도 독자들에게 인문학적 핵심 정보를 쉽게 익히는데 도움이 될 수 있다.

'한 줄의 인문학'이자 인류의 지혜가 담긴 '한줄 속담_ 세계편'이 많은 독자들의 사고와 대화를 풍부하게 하고, 상식과 교양을 얻는데 조금이나마 도움이 될 수 있길 바란다.

_편집자 주

PART 2

유 럽

PART 3
아메리카

PART 4

아프리카

PART 5

오세아니아

PART 6

중동

아시아

1

가는 말이 고와야
오는 말이 곱다.

Kind words bring kind replies.

자신이 남에게 말과 행동을 곱게 해야
남도 자신에게 말과 행동을 곱게 해준다.

- 한국 -

●

"내가 남에게 어떻게 말하느냐에 따라, 그 사람이 나에게
어떻게 대할지를 결정한다"는 의미다.

사람은 서로 존중하고 배려하는 말을 주고받을 때, 상대방
도 나에게 좋은 말을 해주고 좋은 태도를 보인다는 뜻이다.

이 속담은 대인 관계에서 예의와 친절을 강조하는 교훈을
준다.

2

그림에 뱀을 그리고
발을 더한다.

Adding feet to a drawn snake.

불필요하게 과잉으로 일을 처리하거나, 이미 완성된 것에
불필요한 것을 더하여 오히려 일을 망친다.

- 중국 -

●

불필요한 추가나 과잉으로 일을 더 복잡하게 만들지 말고,
이미 충분히 잘된 것에 굳이 손대지 말아야 한다는 교훈을
준다.

예를 들어, 이미 잘 그려진 그림에 불필요하게 뱀의 발을 그
리면 오히려 그림이 엉망이 되듯이, 적당한 선에서 마무리
하는 것이 중요하다는 뜻이다.

3

일은 천천히,
마음은 빠르게.

Work slowly, but your mind
should be quick.

중요한 일은 급하게 처리하지 말고, 신중하게 진행하라.

– 일본 –

●

일을 할 때는 차분하고 신중하게 진행하되, 사고나 판단은
빠르고 효율적으로 해야 한다는 뜻이다.

일은 서두르지 말고 천천히 하여 실수를 피하고, 정확히 처
리해야 한다는 것을 의미한다.

그러나 마음은 항상 빠르고 유연하게 상황을 파악하고, 결
단력 있게 행동해야 한다는 것을 말한다.

4

뱀을 잡으려면
구멍을 막아야 한다.

To catch a snake,
block its hole first.

문제를 해결하려면 근본적인 원인을 제거해야 한다.

– 인도 –

●

어떤 일을 완전히 해결하려면 그 원인이나 도망칠 수 있는
길을 먼저 차단해야 한다는 뜻이다.

문제를 해결할 때는 겉으로 드러난 부분만이 아니라 근본적
인 원인을 제거해야 한다는 교훈을 준다.

5

물을 마실 때 우물을 판 사람을 잊지 마라.

When drinking water, remember who dug the well.

은혜를 잊지 말라.

− 태국 −

•

어떤 혜택을 받았을 때 그것을 가능하게 해 준 사람의 은혜를 잊지 말라는 의미다.

고마움을 알고 감사하는 마음을 가져야 한다는 교훈을 준다. 흔히 은혜를 잊지 말고 보답하라는 의미로도 쓰인다.

6

한 번 베인 대나무는
다시 자라지 않는다.

A cut bamboo never regrows.

신뢰는 한 번 깨지면 회복하기 어렵다.

– 베트남 –

●

한 번 크게 손상되거나 잘못된 것은 원래대로 회복하기 어렵다는 의미다.

특히 신뢰나 명예 같은 것은 한 번 잃으면 되찾기 어렵다는 교훈으로 자주 사용된다. 따라서 행동을 조심하고 실수를 최소화하는 것이 중요하다는 뜻이다.

7

게가 똑바로 걷는 법을 배우려면 먼저 어미 게를 보아야 한다.

To learn to walk straight, a crab must watch its mother.

아이들은 부모를 따라 배운다.

– 인도네시아 –

●

윗사람이 모범을 보여야 아랫사람도 바르게 따라갈 수 있다
는 의미다.

부모나 지도자가 올바른 행동을 해야 자식이나 아랫사람도
바르게 성장할 수 있다는 교훈을 준다.

8

낙타는 자기가 등에 싣고 있는 짐을 모른다.

A camel does not know the burden on its back.

자신의 상황을 잘 모른다.

– 파키스탄 –

●

자신이 처한 어려움이나 무게를 제대로 인식하지 못하는 경우를 비유적으로 표현한 것이다. 특히 자신의 문제나 결점을 모르면서 남의 사정만 쉽게 판단하는 사람을 가리킬 때 사용되기도 한다.

즉, 자신을 객관적으로 돌아볼 줄 알아야 한다는 교훈을 준다.

9

부드러운 물이
단단한 돌을 깎는다.

Soft water cuts through
hard stone.

인내가 결국 문제를 해결한다.

– 말레이시아 –

●

아무리 강하고 단단한 것이라도 끊임없는 노력과 인내 앞에
서는 결국 변화하게 된다는 의미다.

지속적인 노력과 인내가 어려운 일도 이루게 한다는 교훈을
준다. 끈기와 꾸준함의 중요성을 강조할 때 자주 쓰이는 속
담이다.

10

❧⟶∞⟵❧

배고픈 사람은 꿈에서도 빵을 본다.

A hungry man sees bread in his dreams.

간절한 사람은 그것만 생각한다.

– 방글라데시 –

●

사람은 간절히 원하는 것을 항상 생각하게 된다는 의미다. 절실한 욕구나 바람이 있을 때, 그것이 무의식중에도 떠오 른다는 뜻으로, 간절함이 크면 행동과 생각에도 영향을 미 친다는 교훈을 준다.

11

한 마리의 말이 길을 만들 수 없다.

One horse cannot make a road.

협력이 필요하다.

– 몽골 –

●

한 사람의 노력만으로는 큰일을 이루기 어렵다는 의미다.
어떤 일이든 여러 사람이 힘을 합쳐야 성공할 수 있다는 교
훈을 준다.

12

거짓말은 짧은 다리를
가지고 있다.

A lie has short legs.

거짓말은 오래가지 않는다.

– 아르메니아 –

거짓말은 오래 가지 못하고 결국 들통 나게 된다는 의미다.
거짓말은 처음에는 통할 수도 있지만, 시간이 지나면 진실
이 밝혀지기 마련이라는 교훈을 준다.

13

바람이 불지 않으면
나뭇잎도 흔들리지 않는다.

If there is no wind,
leaves do not shake.

원인이 없으면 결과도 없다.

– 아제르바이잔 –

●

어떤 일이 일어났다면 반드시 그에 대한 원인이나 이유가
있다는 뜻이다.

아무런 이유 없이 소문이 나거나 문제가 발생하는 것은 아
니라는 의미로, 주로 어떤 사건이나 소문의 배경에 반드시
원인이 있음을 강조할 때 사용된다.

14

지혜는 늙지 않는다.

Wisdom does not age.

지혜는 시간이 지나도 가치가 변하지 않는다.

― 조지아 ―

●

나이가 들어도 지혜는 사라지지 않고 오히려 더 깊어진다는
의미다. 세월이 지나도 경험과 지식에서 얻은 지혜는 변하
지 않으며, 오히려 더욱 가치 있어진다는 뜻이다.
이는 경험과 지혜의 중요성을 강조하는 말로, 연륜이 쌓일
수록 더 깊은 통찰력을 가질 수 있음을 나타낸다.

15

뿌리 깊은 나무는
바람에도 흔들리지 않는다.

A tree with deep roots
does not sway in the wind.

기초가 튼튼하면 쉽게 흔들리지 않는다.

− 카자흐스탄 −

●

기본이 튼튼하면 어떠한 어려움이나 시련에도 쉽게 흔들리지 않는다는 의미다.

이는 기초가 탄탄한 사람이나 조직은 어려운 상황에서도 무너지지 않는다는 뜻으로, 학문이나 덕망이 깊은 사람은 어떠한 어려움 속에서도 중심을 잃지 않는다는 교훈을 준다.

16

손을 씻고 나서
더러운 물을 찾지 마라.

Do not look for dirty water
after washing your hands.

이미 끝난 일은 다시 들추지 마라.

– 우즈베키스탄 –

●

한번 잘못을 뉘우치고 바르게 살기로 했다면, 다시 나쁜 길로 빠지지 말아야 한다는 의미다.

나쁜 행동을 끊고 올바르게 살기로 결심했다면, 다시 과거의 잘못된 습관이나 행동을 반복하지 말아야 한다는 교훈을 준다.

17

바다의 깊이는
잴 수 있어도 사람의
마음은 잴 수 없다.

You can measure the depth of the
sea, but not a person's heart.

사람의 속마음은 알기 어렵다.

– 투르크메니스탄 –

●

사람의 마음은 겉으로 보이는 것만으로는 알기 어렵고, 그
깊이를 정확히 헤아릴 수 없다는 의미다.

눈에 보이는 것과 달리 사람의 속마음은 쉽게 측정하거나
예측할 수 없으며, 때로는 겉과 속이 다를 수도 있다는 뜻이
다.

18

양 한 마리가 잘못된 길을 가면, 모든 양이 따라간다.

If one sheep goes the wrong way, all the sheep will follow.

무비판적인 추종은 위험하다.

– 아프가니스탄 –

한 사람이 잘못된 행동을 하면, 다른 사람들도 무분별하게 따라갈 수 있다는 의미다.

잘못된 행동이나 그릇된 사상이 전파되면 많은 사람들이 깊이 생각하지 않고 그대로 따라갈 위험이 있다는 교훈을 준다. 이는 맹목적인 추종의 위험성을 경고하는 속담이라고 할 수 있다.

벼락치는 소리는
눈에 보인다.

The sound of thunder can
be seen.

중요한 사건이나 변화는 미리 알 수 있다.

– 홍콩 –

●

어떤 일이 일어나기 전에 그 징후나 신호가 분명히 보인다
는 뜻을 내포하고 있다.
큰 변화나 사건이 일어나기 전에 그 변화의 전조나 예고가
있을 수 있다는 교훈을 준다.

20

낙타는 작은 길로도 간다.

A camel can walk through a narrow path.

큰 일도 꾸준히 하면 이룰 수 있다.

– 미얀마 –

●

큰 일이나 도전도 꾸준히 노력하고 끈기를 가지고 나아가면, 결국 그 일을 이룰 수 있다는 교훈을 준다.

낙타는 크고 무겁지만, 좁은 길도 지나갈 수 있다는 점에서, 어려운 상황이나 장애물도 시간과 노력을 들이면 결국 극복할 수 있다는 의미다.

21

하늘이 떨어져도
그 아래에서 나무가 자란다.

Even if the sky falls,
a tree will grow beneath it.

어려운 상황이나 위기 속에서도
새로운 기회나 성장이 있을 수 있다.

- 파키스탄 -

●

어려운 상황이나 위기 속에서도 여전히 희망을 잃지 말고,
그 속에서 새로운 가능성이나 성장의 기회를 찾을 수 있다
는 뜻이다.

하늘이 떨어진다고 해도 그 아래에서 나무가 자라는 것처
럼, 어떤 고난이나 큰 재난이 닥쳐도 그 안에서 긍정적인 변
화나 성장이 있을 수 있다.

22

물고기를 잡으려면
물 속에 들어가야 한다.

To catch a fish,
you must enter the water.

물고기를 잡으려면 물 속에 들어가야 한다.

– 스리랑카 –

•

원하는 것을 얻기 위해서는 그 일에 적극적으로 참여하거나, 그 과정에 몸소 뛰어들어야 한다는 뜻이다.

물고기를 잡으려면 물속에 들어가야 하듯이, 원하는 성과나 결과를 얻기 위해서는 그 일을 직접 해보거나 노력해야 한다는 교훈을 준다.

23

※─◦◦◦─※

자비는 하나님께,
행동은 사람에게 있다.

Mercy is from God,
and action is from man.

기도와 신의 도움을 구하는 것은 중요하지만,
결국 실질적인 행동은 사람이 해야 한다.

– 필리핀 –

●

기도와 신의 도움을 구하는 것이 중요하지만, 그와 동시에
사람이 스스로 행동하고 노력하는 것이 중요하다는 교훈을
준다.

문제 해결에 있어 신의 은총이 필요하지만, 그것만으로 모
든 것이 해결되지 않으며, 사람의 적극적인 노력과 실천이
필수적이라는 의미다.

24

❧

손에 있는 것을 놓으면, 발이 땅에 닿는다.

If you let go of what you're holding, your feet will touch the ground.

현재 상황에 맞게 적응하고 나아가야 한다.

– 동티모르 –

●

어떤 것을 포기하거나 놓아야 새로운 길이나 기회가 열린다는 뜻이다. 손에 쥐고 있는 것을 놓는 것은 불안하거나 두려울 수 있지만, 그 행동을 통해 새로운 가능성이나 기회를 발견할 수 있다는 의미다.

현재의 상황에 안주하지 말고, 변화를 두려워하지 말고 새로운 기회를 받아들여야 한다는 교훈을 준다.

유 럽

25

말보다 행동이 중요하다.

Actions speak louder than words.

말보다 행동이 진짜 가치를 보여준다.

– 영국 –

●

아무리 좋은 말을 해도 실천하지 않으면 의미가 없으며, 실제 행동이 더욱 중요하다는 의미다.

말로만 떠들지 말고 직접 실천하는 것이 더 가치 있다는 교훈을 준다. 이는 행동의 중요성을 강조하는 표현으로, 실천이 수반되지 않는 말은 공허할 뿐이라는 뜻을 전달한다.

바람 없는 곳에
연기가 나지 않는다.

There is no smoke without fire.

소문에는 이유가 있다.

– 프랑스 –

●

어떤 소문이나 사건이 생겼다면, 반드시 그에 대한 원인이
나 이유가 있다는 뜻이다.

아무런 근거 없이 소문이 퍼지거나 일이 벌어지는 것이 아
니라, 반드시 그럴 만한 원인이 존재한다는 의미다.

늦게 배우는 자는
오래 기억한다.

Late learners remember for long.

늦게 배워도 오래 기억할 수 있다.

– 독일 –

●

비록 배우는 속도는 느릴지라도, 한 번 배운 것은 쉽게 잊히지 않는다는 의미다.

천천히 익히더라도 깊이 이해하고 확실하게 익힌 것은 오랫동안 기억에 남는다는 뜻이다. 이는 꾸준히 노력하는 것이 중요하며, 빠르게 배우는 것보다 확실히 익히는 것이 더 가치 있다는 교훈을 전달한다.

28

로마는 하루아침에
이루어지지 않았다.

Rome wasn't built in a day.

위대한 것은 시간이 걸린다.

− 이탈리아 −

●

위대한 일이나 큰 성취는 한순간에 이루어지는 것이 아니라,
오랜 시간 동안 꾸준한 노력과 인내가 필요하다는 의미다.
어떤 목표를 이루기 위해서는 지속적인 노력과 시간이 필요
하며, 조급해하지 말고 차근차근 쌓아가야 한다는 교훈을
준다.

29

黍∞∞釗

황소 뿔을 잡으려면
정면으로 가라.

Take the bull by the horns.

어려움을 정면으로 맞서야 한다.

— 스페인 —

●

어떤 일을 해결하려면 정면으로 맞서야 한다는 의미다.
문제를 피하거나 우회하려 하지 말고, 직접 부딪쳐서 해결
하는 것이 가장 효과적이라는 교훈을 준다. 이는 용기와 결
단력의 중요성을 강조하는 표현이기도 하다.

30

❦━━◦❀◦━━❦

작은 구멍이
큰 배를 가라앉힌다.

Small hole sinks a big ship.

사소한 실수가 큰 문제를 일으킨다.

– 네덜란드 –

●

사소한 실수나 작은 문제가 결국 큰 피해를 가져올 수 있다
는 의미다.

작은 문제라고 가볍게 여기지 말고, 미리 신경 써서 해결하
지 않으면 나중에 걷잡을 수 없는 큰 문제가 될 수 있다는
교훈을 준다.

31

공짜 치즈는 덫에만 있다.

Free cheese is only found in a mousetrap.

쉽게 얻는 것은 위험이 따른다.

− 러시아 −

●

겉보기에 좋은 공짜나 쉬운 이득 뒤에는 반드시 위험이나 대가가 따른다는 의미다.

노력 없이 쉽게 얻는 것은 없으며, 공짜로 보이는 것일수록 조심해야 한다는 교훈을 준다. 이는 유혹이나 함정에 빠지지 않도록 경계해야 한다는 의미로 사용된다.

32

늑대와 함께 살려면
늑대처럼 행동해야 한다.

If you live with wolves,
you must act like a wolf.

환경에 적응해야 한다.

– 노르웨이 –

●

주어진 환경이나 상황에 적응하고 그에 맞게 행동해야 한다
는 의미를 가지고 있다.

자신이 속한 사회나 집단에서 살아남으려면 그곳의 규칙과
방식에 맞춰야 한다는 교훈을 준다. 이는 경쟁이 치열한 환
경에서는 강하게 대처해야 한다는 의미로도 쓰일 수 있다.

33

※━◦○◦━※

지붕을 고치려면
비가 오기 전에 해야 한다.

Fix the roof before it rains.

준비가 중요하다.

– 덴마크 –

●

문제가 발생하기 전에 미리 대비하는 것이 중요하다는 의
미다.

위기가 닥친 후에 해결하려 하면 너무 늦으므로, 미리 준비
하고 예방하는 것이 현명하다는 교훈을 준다. 이는 사전 대
비의 중요성을 강조하는 표현이다.

34

시작이 반이다.

Well begun is half done.

무엇이든 시작하면 반은 해낸 것이다.

− 핀란드 −

●

어떤 일이든 시작하는 것이 가장 어렵고, 일단 시작하면 목
표의 절반은 이룬 것과 다름없다는 의미다.

망설이거나 미루지 말고 먼저 행동으로 옮기는 것이 중요하
다는 교훈을 준다. 이는 용기 있게 첫발을 내디디면 성공에
한 걸음 더 가까워진다는 뜻으로, 도전과 실행의 중요성을
강조하는 표현이다.

35

돈은 나무에서
자라지 않는다.

Money doesn't grow on trees.

돈은 쉽게 얻는 것이 아니다.

– 스위스 –

●

돈은 저절로 생기는 것이 아니라, 노력과 수고를 통해 벌어
야 한다는 의미다.

재물을 얻기 위해서는 열심히 일하고 절약해야 하며, 함부
로 낭비해서는 안 된다는 교훈을 준다. 이는 돈의 소중함과
경제적인 책임감을 강조하는 표현이다.

36

행복은 문을 두드리는 것이 아니라 창문으로 들어온다.

Happiness comes through the window, not the door.

기대하지 않은 곳에서 행복이 온다.

– 오스트리아 –

●

행복은 우리가 예상하거나 계획한 방식으로 오지 않고, 예상치 못한 순간이나 방식으로 찾아온다는 의미다.

행복을 너무 조급하게 찾거나 집착하기보다, 열린 마음으로 기다리면 뜻밖의 순간에 찾아올 수 있다는 교훈을 준다. 이는 행복을 억지로 만들려 하기보다 자연스럽게 받아들이는 태도가 중요하다는 의미로도 해석될 수 있다.

작은 물방울이
큰 바위를 뚫는다.

Little drops of water hollow out
a big rock.

작은 노력도 지속하면 큰 변화를 만든다.

– 프랑스 –

●

작은 노력이라도 끈기 있게 계속하면 결국 큰 성과를 이룰
수 있다는 의미다.

이 속담은 특히 인내와 꾸준함의 중요성을 강조하며, 아무
리 어려운 일이라도 포기하지 않고 지속적으로 노력하면 결
국 목표를 달성할 수 있다는 교훈을 준다.

38

~~✦~~

좋은 시작이 좋은
끝을 만든다.

A good beginning makes
a good ending.

시작이 좋아야 끝도 좋다.

– 독일 –

●

어떤 일이든 시작을 잘해야 성공적인 결과를 얻을 수 있다
는 의미다.

처음 계획을 잘 세우고 준비를 철저히 하면 일이 순조롭게
진행되며, 결국 좋은 결말로 이어질 가능성이 높다는 교훈
을 준다.

늑대는 털을 바꿀 수 있어도 성격은 바꾸지 못한다.

A wolf may lose its fur, but not its nature.

본성은 쉽게 변하지 않는다.

— 이탈리아 —

●

겉모습은 바꿀 수 있어도 본성이나 습관은 쉽게 변하지 않는다는 의미다.

이 속담은 특히 사람의 타고난 성격이나 본질적인 성향은 쉽게 고쳐지지 않는다는 점을 강조할 때 사용된다.

40

미루지 말고
오늘 할 일을 끝내라.

Do not put off till tomorrow
what you can do today.

오늘 할 일을 내일로 미루지 마라.

– 스페인 –

●

할 일을 뒤로 미루지 말고 제때 해야 한다는 의미다.

이 속담은 시간을 낭비하지 말고 지금 할 수 있는 일을 즉시 실행하는 것이 중요하다는 교훈을 준다. 일을 미루면 쌓여서 더 큰 부담이 될 수 있으므로, 성실하고 부지런한 태도가 필요함을 강조한다.

41

작은 배는
큰 폭풍도 헤쳐나간다.

A small boat can weather
a big storm.

작아도 강한 힘을 가질 수 있다.

– 네덜란드 –

●

비록 약하고 보잘것없는 존재라도 용기와 지혜, 끈기가 있
다면 어떤 어려움도 극복할 수 있다는 의미다. 이 속담은 규
모나 힘의 크기보다는 의지와 노력, 지혜가 더 중요하다는
교훈을 준다. 작은 배라도 바람을 잘 읽고 적절히 대응하면
거센 폭풍을 헤쳐 나갈 수 있듯이, 사람도 강한 의지와 슬기
로움을 갖추면 역경을 이겨낼 수 있다는 뜻이다.

고통 없이 얻는 것은 없다.

No pain, no gain.

노력 없이 성취도 없다.

− 스웨덴 −

●

어떤 성공이나 성과를 얻기 위해서는 반드시 노력과 인내, 희생이 필요하다는 의미다.

이 속담은 쉽게 얻은 것은 쉽게 사라지며, 진정한 성취는 노력과 고난을 거쳐야만 가능하다는 교훈을 준다. 힘든 과정 없이 좋은 결과를 기대할 수 없다는 점을 강조하며, 꾸준한 노력과 인내의 중요성을 일깨운다.

43

열심히 일한 자는
달콤한 잠을 잔다.

He who works hard sleeps sweetly

열심히 노력하면 보상을 받는다.

– 폴란드 –

•

성실하게 노력한 사람은 마음이 편하고 좋은 결과를 얻을
수 있다는 의미다. 이 속담은 열심히 일한 사람은 보람을 느
끼고 만족스러운 휴식을 취할 수 있지만, 게으른 사람은 불
안과 걱정 속에서 지낸다는 교훈을 준다. 노력과 성실함의
중요성을 강조하며, 정직한 삶을 살아가는 것이 결국 자신
에게 이로운 결과를 가져온다는 뜻을 전달한다.

44

목표를 모르면
길을 찾을 수 없다.

If you don't know your goal,
you can't find you way

목표가 확실해야 성공적인 길을 찾을 수 있다.

− 리히텐슈타인 −

●

목표 설정의 중요성을 강조한 것이다. 만약 내가 무엇을 이루고자 하는지 정확히 알지 못하면, 그 목표를 향해 어떻게 나아가야 할지, 어떤 결정을 내려야 할지 알기 어렵다는 뜻이다.

목표가 확실해야만 그 목표를 향해 나아갈 수 있는 올바른 길을 찾을 수 있다는 교훈을 준다.

돌을 던지고,
누가 맞았는지 보지 마라.

Throw the stone and don't look
at who it hits.

책임감과 자신의 행동에 대한 신중함.

– 안도라 –

●

행동을 취한 후 그 결과에 대해 무책임하게 대처하는 것을
비판한 말이다. 돌을 던진 사람은 그 행동에 대한 결과를 돌
이킬 수 없듯이, 어떤 행동을 취할 때 그 결과에 대한 책임
을 져야 한다는 뜻이다.

자신이 일으킨 일에 대한 책임을 회피하지 말고, 그 결과를
직시해야 한다는 교훈을 준다.

빵은 돈보다 더 귀하다.

Bread is more precious than money.

가장 중요한 것은 물질적 가치보다는
생명 유지와 기본적인 생활.

– 몰타 –

●

삶에서 가장 기본적인 필요인 음식과 생존이 물질적인 부나
돈보다 우선되어야 한다는 의미다. 돈이나 물질적인 재산도
중요하지만, 기본적인 생명 유지가 우선되어야 한다는 교훈
을 담고 있다.

배고픔을 해결하는 것이 가장 중요하고, 이를 통해 인생을
유지할 수 있다는 메시지를 전달한다.

네가 누구와 함께 있는지 말하면, 내가 네가 누구인지 말해줄 수 있다.

Tell me who you hang out with, and I'll tell you who you are.

사람들이 말하는 것처럼, 친구가 당신을 나타낸다.

- 스페인 -

●

사람은 자신이 함께 있는 사람들의 영향을 받는다는 교훈을 준다.

주변에 있는 사람들이 당신의 생각, 행동, 가치관에 많은 영향을 미친다는 의미다. 그래서 좋은 사람들과 함께하면 좋은 성격을 형성하고, 부정적인 사람들과 함께하면 그 영향을 받기 쉬워진다는 뜻이다.

48

쇠는 차가울 때 단련하라.

Strike while the iron is cold

시기를 놓치지 말고 기회를 잡아라.

– 룩셈부르크 –

●

타이밍과 행동의 중요성을 강조한 속담이다.

차가운 쇠를 단련한다는 표현을 통해 적절한 시기에 맞춰

행동하는 것을 의미한다.

기회나 상황이 주어졌을 때 망설이지 말고 행동하라는 의

미다.

3

아메리카

49

시간은 금이다.

Time is money.

시간은 귀중한 자원이다.

– 미국 –

●

시간은 매우 소중하고 가치 있는 것이므로 함부로 낭비해서는 안 된다는 의미다. 시간이 곧 돈이나 보석처럼 중요한 자원이며, 한 번 지나가면 다시 되돌릴 수 없기 때문에 효율적으로 사용해야 한다는 교훈을 준다.

게으름을 피우거나 불필요한 일로 시간을 허비하면 결국 후회하게 된다는 뜻을 강조한다.

50

늦더라도
안 하는 것보다 낫다.

Better late than never.

늦게라도 행동하는 것이 무행동보다 낫다.

− 캐나다 −

●

비록 늦게 시작하더라도 아예 하지 않는 것보다는 낫다는
의미다. 어떤 일이든 포기하지 않고 끝까지 해내는 것이 중
요하며, 늦었다고 해서 시도조차 하지 않는 것은 더 나쁜 선
택이라는 교훈을 준다.

목표나 계획을 늦게 실행하게 되더라도 결국 행동하는 것이
중요하다는 것을 말한다.

나쁜 친구는
더 나쁜 적보다 위험하다.

A bad friend is worse than
a bad enemy.

나쁜 친구가 적보다 해롭다.

— 멕시코 —

●

겉으로는 친구처럼 보이지만 해를 끼치는 사람이 진정한 적
보다 더 큰 위험이 될 수 있다는 의미다.

적은 분명한 위협이기 때문에 경계할 수 있지만, 나쁜 친구
는 가까이 있으면서도 모르게 해를 끼칠 수 있어 더욱 조심
해야 한다는 교훈을 준다.

52

눈은 보지만,
입은 말하지 않는다.

The eyes see, but the mouth remains silent.

보는 것과 말하는 것은 다르다.

– 브라질 –

●

보고도 침묵해야 할 때가 있으며, 모든 것을 말로 표현하는 것이 항상 좋은 것은 아니라는 의미다. 지혜롭게 행동하고, 때로는 말보다 침묵이 더 중요할 수 있다는 교훈을 준다. 특히, 불필요한 말이나 비밀을 함부로 발설하면 문제가 될 수 있으므로 조심스럽게 행동해야 한다는 것을 말한다.

53

바나나는 나무에서
떨어져도 껍질은 남는다.

Even if a banana falls, its peel
remains.

행동에는 흔적이 남는다.

– 페루 –

●

사람이 어떤 상황에서든 흔적이나 영향력을 남긴다는 의미
다. 어떤 일이 끝나거나 사람이 떠나도 그 결과나 여운은 남
아 있게 마련이라는 교훈을 준다. 특히 사람의 행동이나 말,
업적 등은 시간이 지나도 주변에 영향을 미칠 수 있으므로
신중하게 살아야 한다는 뜻을 강조한다.

54

말할 수 없는 것은
잊어라.

Forget what cannot be spoken.

과거에 얽매이지 말 것.

− 베네수엘라 −

●

표현할 수 없거나 이해되지 않는 것에 집착하지 말고 잊어
버리는 것이 낫다는 의미다. 설명하기 어렵거나 논리적으로
표현할 수 없는 것에 매달리기보다는, 그것을 받아들이는
것이 지혜로운 태도라는 교훈을 준다. 특히 불필요한 논쟁
이나 해결할 수 없는 문제에 얽매이지 말고, 현실적인 부분
에 집중하는 것이 중요하다는 것을 말한다.

55

강은 조용할 때가
가장 깊다.

A river is deepest when it is quiet.

깊은 사람일수록 조용하다.

– 에콰도르 –

●

겉으로는 조용하고 차분해 보이는 사람이 실제로는 깊은 지
혜나 강한 힘을 가지고 있을 수 있다는 의미다.
겉으로 드러나는 모습만 보고 사람을 판단해서는 안 되며,
말이 많거나 겉으로 요란한 사람이 반드시 뛰어난 것은 아
니라는 교훈을 준다.

56

말이 많으면 실수가 많다.

The more you talk,
the more mistakes you make.

신중하게 말해야 한다.

- 쿠바 -

●

쓸데없이 말을 많이 하면 실수를 하거나 문제가 생길 가능성이 크다는 의미다. 불필요한 말을 조심하고, 신중하게 발언하는 것이 중요하다는 교훈을 준다. 말을 많이 하면 비밀을 누설하거나 상대방에게 오해를 살 수도 있기 때문에, 적절한 때에 필요한 말만 하는 것이 지혜로운 태도라는 것을 말한다.

57

행운은 준비된
자에게 온다.

Luck comes to
those who are prepared.

기회는 준비된 사람에게 찾아온다.

– 코스타리카 –

●

기회는 우연히 찾아오는 것이 아니라, 미리 준비하고 노력
한 사람에게만 찾아온다는 의미다. 성공이나 좋은 기회는
단순한 운이 아니라 철저한 준비와 꾸준한 노력이 뒷받침될
때 비로소 자신의 것이 될 수 있다는 교훈을 준다.
아무런 노력 없이 행운을 바라기보다는 스스로 준비하고 대
비하는 자세가 중요하다는 뜻을 강조한다.

58

구르는 돌에는
이끼가 끼지 않는다.

A rolling stone gathers no moss.

끊임없이 움직이는 사람은 쇠퇴하지 않는다.

– 미국 –

●

끊임없이 움직이고 노력하는 사람은 활력을 잃지 않고 발전
하지만, 가만히 멈춰 있는 사람은 점점 쓸모없어질 수 있다
는 의미다. 부지런히 활동하고 변화하는 것이 중요하며, 게
으름을 피우거나 정체되면 발전할 수 없다는 교훈을 준다.
특히, 새로운 경험을 쌓고 계속해서 성장하려는 태도가 중
요하다는 것을 말한다.

❧━━━━━━❧

모든 눈이
다 잠들지 않는다.

Not all eyes are asleep.

항상 누군가 보고 있으니 조심하라.

− 캐나다 −

●

세상에는 항상 누군가가 보고 있으므로, 아무리 조심해도 비밀은 드러날 수 있다는 의미다. 어떤 일도 완전히 감출 수 없으며, 남들이 모를 것이라고 방심하면 결국 드러나게 된다는 교훈을 준다. 특히 부정한 행동이나 나쁜 일을 하면 언젠가는 발각될 수 있으므로 항상 올바르게 행동해야 한다는 것을 말한다.

60

‡━━◦◦◦━━‡

고양이가 없으면
쥐가 춤춘다.

When the cat is away,
the mice will play.

감시자가 없으면 규율이 해이해진다.

− 멕시코 −

●

감시하거나 통제하는 사람이 없으면 아랫사람들이 제멋대
로 행동한다는 의미다. 권위나 규율이 사라지면 질서가 무
너지고 방종해질 수 있으므로, 적절한 감독과 관리가 필요
하다는 교훈을 준다. 특히, 윗사람이나 지도자가 부재할 때
조직이나 집단이 흐트러질 가능성이 크다는 것을 말한다.

좋은 나무는
좋은 열매를 맺는다.

A good tree bears good fruit.

좋은 사람은 좋은 결과를 만든다.

– 브라질 –

●

훌륭한 기반이나 본바탕이 좋은 결과를 가져온다는 의미다.
성실하고 정직한 사람은 좋은 성과를 이루고, 올바른 교육
과 환경에서 자란 사람은 훌륭한 인격과 능력을 갖추게 된
다는 교훈을 준다.
좋은 결과를 얻기 위해서는 그에 걸맞은 노력과 준비가 필
요하다는 것을 말한다.

62

작은 불씨가
큰 불을 일으킨다.

A small spark starts a big fire.

작은 일이 큰 영향을 미칠 수 있다.

– 아르헨티나 –

●

사소한 일이나 작은 실수가 결국 큰 문제나 재앙으로 이어
질 수 있다는 의미다.

작은 일이라도 소홀히 하면 큰 화를 불러올 수 있으므로, 처
음부터 주의 깊게 행동해야 한다는 교훈을 준다. 특히 작은
오해나 실수가 걷잡을 수 없는 결과를 초래할 수 있으므로
신중해야 한다는 것을 말한다.

모든 길은 로마로 통한다.

All roads lead to Rome.

결국 목적지는 같으니 방법이 다를 뿐이다.

– 칠레 –

●

목표에 도달하는 방법은 여러 가지가 있으며, 결국 노력하면 원하는 결과를 얻을 수 있다는 의미다.

어떤 목표를 이루기 위해서는 다양한 방법과 길이 존재하며, 결국 노력과 끈기를 가지고 나아가면 목적지에 도달할 수 있다는 교훈을 준다.

64

강한 물살이
바위를 깎는다.

Strong water wears down
the rock.

끈질긴 노력은 장애물을 극복한다.

– 콜롬비아 –

●

끊임없는 노력과 끈기가 결국에는 큰 장애물도 극복할 수 있다는 의미다. 아무리 단단한 바위라도 지속적으로 흐르는 강한 물살에 의해 서서히 깎여 나가듯이, 꾸준한 노력과 인내가 어려움을 극복하는 힘이 된다는 교훈을 준다.

포기하지 않고 계속 나아가면 결국에는 원하는 목표를 이룰 수 있다는 것을 말한다.

65

빠른 새가 벌레를 잡는다.

The early bird catches the worm.

기회를 잡으려면 부지런해야 한다.

- 페루 -

●

기회를 빨리 잡는 사람이 성공한다는 의미다. 남들보다 먼저 행동하고 신속하게 움직이는 사람이 좋은 결과를 얻을 수 있으며, 기회를 놓치지 않으려면 적극적으로 나서야 한다는 교훈을 준다.

특히 미루지 않고 부지런히 노력하는 자세가 중요하다는 것을 말한다.

66

바람 없이 나뭇잎은
흔들리지 않는다.

The leaves do not move
without the wind.

모든 일에는 원인이 있다.

− 베네수엘라 −

●

어떤 결과나 소문이 생겼다면 반드시 그에 따른 원인이 있
다는 의미다. 어떤 일이 갑자기 일어나는 것이 아니라, 반드
시 그에 앞선 이유나 원인이 있기 때문에 함부로 무시해서
는 안 된다는 교훈을 준다.

특히 소문이나 의심스러운 일이 있을 때는 그냥 넘어가지
말고 그 배경을 잘 살펴야 한다는 것을 말한다.

천천히 가는 것이 안전하다.

Going slow is safe.

조급함보다 신중함이 중요하다.

– 에콰도르 –

●

조급하게 서두르기보다 신중하게 행동하는 것이 더 안전하고 좋은 결과를 가져온다는 의미다.

너무 급하게 일을 처리하면 실수나 위험이 따를 수 있으므로, 차근차근 신중하게 진행하는 것이 중요하다는 교훈을 준다. 특히 꾸준하고 올바른 방법으로 노력하는 것이 결국에는 성공으로 이어진다는 것을 말한다.

구두장인은 자신의 신발에만 신경 써라.

A shoemaker should only care about his own shoes.

자기 역할에 충실해야 한다.

– 멕시코 –

각자의 역할과 책임을 존중하고, 자기 분야에 충실해야 한다는 의미다. 예를 들어, 자신이 잘 아는 일이나 전문가로서해야 할 일에 집중하고, 다른 사람의 영역에 불필요하게 개입하지 않는 것이 중요하다는 것. 이는 또한 자기 일에 최선을 다하고, 다른 사람들의 전문성을 존중하는 태도를 갖추는 것이 중요하다는 뜻이다.

69

대장장이 집에는
나무칼이 있다.

There is a wooden knife
in the blacksmith's house.

자신의 일에는 소홀하고,
다른 사람의 일에는 완벽을 추구하는 상황.

– 콜롬비아 –

●

자기가 해야 할 일이나 자신의 필요를 채우지 않고, 다른 사람에게만 신경을 쓰는 아이러니한 상황을 의미다.

예를 들어, 대장장이가 철로 만든 칼을 잘 만들지만 정작 자기 집에는 나무칼을 사용한다는 상황을 통해 자신의 일을 소홀히 하고, 주변 일에만 열중하는 것을 비판하는 교훈을 담고 있다.

많이 짖는 개는 물지 않는다.

A dog that barks a lot doesn't bite.

겉으로 떠드는 것과 실제 행동은 다르다.

– 수리남 –

●

떠들거나 주장만 하고 실제로 행동에 옮기지 않는 사람을 비유적으로 표현한 것이다.

과장된 말이나 큰 소리를 내는 사람은 실제로 위험한 행동을 하지 않거나, 그 말에 실체가 없다는 뜻이다.

71

아무도 섬이 될 수 없다.

No man is an island.

협력과 공동체 의식

— 자메이카 —

●

우리는 다른 사람들과의 관계와 협력 속에서 살아간다는 뜻
이다. 인간은 사회적 존재이며, 누구나 도움을 필요로 하
고, 타인과의 상호작용을 통해 성장하고 발전한다.

따라서 독립적이고 자기만의 길을 가는 것이 중요하지만,
혼자서 모든 것을 해결하려는 태도보다는 서로 도와가며 살
아가는 것이 더 중요하다는 의미다.

아프리카

거미줄도 함께 모이면 사자를 잡을 수 있다.

Spider webs together can trap a lion.

단결하면 강해진다.

− 남아프리카공화국 −

●

아무리 작은 힘이라도 합치면 큰일을 이룰 수 있다는 의미다. 이 속담은 개개인의 힘은 약할 수 있지만, 협력하고 단결하면 불가능해 보이는 일도 해낼 수 있다는 교훈을 준다. 특히 공동의 목표를 위해 힘을 모으면 더 큰 성과를 거둘 수 있다는 것을 말한다.

개미도 자기 구멍에서 힘이 세다.

An ant is strong in its own hole.

사람은 자기 환경에서 강하다.

– 나이지리아 –

●

아무리 약한 존재라도 자기 영역이나 익숙한 환경에서는 강해질 수 있다는 의미다. 사람이 자신이 잘 아는 곳이나 익숙한 상황에서는 능력을 발휘할 수 있으며, 누구든지 자기만의 강점이 있다는 점을 강조하는 교훈을 준다. 특히 낯선 곳에서는 약해 보이던 사람도 자신의 터전에서는 강한 모습을 보일 수 있다는 점을 의미한다.

74

물이 깊을수록
소리는 작다.

The deeper the water,
the quieter it flows.

지혜로운 사람일수록 말을 아낀다.

— 에티오피아 —

●

지식과 지혜가 깊은 사람일수록 말이 적고 신중하다는 의미다.
겉으로 요란하고 말이 많은 사람보다, 조용하지만 속이 깊
고 신중한 사람이 더 지혜롭고 신뢰할 만하다는 교훈을 준
다. 즉, 진정한 실력자나 현명한 사람은 허세를 부리지 않고
겸손하게 행동한다는 것을 말한다.

75

기회는 새처럼 날아간다.

Opportunity flies like a bird.

기회는 붙잡지 않으면 사라진다.

– 모로코 –

기회는 잡지 않으면 쉽게 사라지므로, 순간을 놓치지 말고 적극적으로 활용해야 한다는 의미다.

기회는 언제나 있는 것이 아니며, 한 번 지나가면 다시 돌아오지 않을 수도 있으므로 신속하게 행동하는 것이 중요하다는 교훈을 준다. 즉, 망설이다가 기회를 놓치지 말고 주어진 순간을 잘 활용해야 한다는 것을 말한다.

개미가 단결하면
코끼리도 죽일 수 있다.

If ants unite,
they can kill an elephant.

협력의 힘.

− 탄자니아 −

●

작고 약한 존재라도 힘을 합치면 강한 상대도 이길 수 있다
는 의미다.

개개인의 힘은 미약하지만, 협력하고 단결하면 불가능해 보
이는 일도 해낼 수 있다는 교훈을 준다. 특히, 어려운 상황
에서도 협력과 단결이 중요하며, 함께하면 더 큰 성과를 거
둘 수 있다는 것을 말한다.

77

물고기는 물이 없으면
살 수 없다.

A fish cannot live without water.

기본이 중요하다.

− 잠비아 −

●

사람도 자신에게 꼭 필요한 환경이나 조건이 없으면 살아가
기 어렵다는 의미다.

어떤 존재든지 자신이 의지해야 할 필수적인 요소가 있으며,
그것이 없으면 생존하거나 발전할 수 없다는 교훈을 준다.

특히 사람은 가족, 친구, 사회적 관계, 직업 등 자신에게 꼭
필요한 기반을 잘 유지해야 한다는 것을 말한다.

지혜로운 사람은 불을 보고 손을 넣지 않는다.

A wise man does not put his hand into fire.

경험에서 배우는 것이 중요하다.

- 우간다 -

●

현명한 사람은 위험한 상황을 미리 알아차리고 피한다는 의미다.

명백한 위험이 보이면 무모하게 도전하지 않고 신중하게 행동하는 것이 중요하다는 교훈을 준다. 특히 경험과 지혜를 통해 실수를 피하고, 무리한 선택을 하지 않는 것이 현명한 태도라는 것을 말한다.

79

사자가 잠든다고 개가
왕이 되는 것은 아니다.

Just because the lion sleeps,
the dog does not become king.

강한 자는 언제든 다시 일어설 수 있다.

– 가나 –

●

일시적으로 강한 존재가 자리를 비운다고 해서 약한 존재가
그 자리를 차지할 수 있는 것은 아니라는 의미다.
진정한 실력과 권위는 단순히 운이나 상황에 따라 바뀌는
것이 아니라, 본래의 힘과 자격이 있어야 유지될 수 있다.
즉, 겉으로 보기에 기회가 온 것 같아도 근본적인 실력이 부
족하면 그 자리를 차지할 수 없다는 것을 말한다.

80

바나나 한 송이는
하나의 나무에서 나온다.

A bunch of bananas comes from
a single tree.

모든 것은 근본이 있다.

− 마다가스카르 −

●

모든 것은 그 근원이나 출처가 있으며, 결과는 원인에서 비
롯된다는 의미다.

사람이든 일이든 그 뿌리와 배경이 중요하며, 어떤 결과도
그냥 나오는 것이 아니라 반드시 원인이 존재한다는 교훈을
준다. 또한 가족이나 공동체의 유대감, 같은 배경에서 나온
사람들의 연관성을 강조하는 의미로도 해석될 수 있다.

지혜로운 자는 강물에서 길을 찾는다.

A wise person finds a path in the river.

어려운 상황에서도 해결책을 찾는다.

– 앙골라 –

현명한 사람은 변화하는 상황 속에서도 해결책을 찾아내고 유연하게 대처한다는 의미다.

세상이 끊임없이 변화하더라도 지혜로운 사람은 흐름을 읽고 적응하며 길을 개척할 수 있다는 교훈을 준다.

즉, 고정관념에 얽매이지 않고 상황에 맞게 대응하는 것이 중요하다는 것을 말한다.

땅을 갈지 않으면 곡식도 자라지 않는다.

If you do not plow the land, no crops will grow.

노력 없이는 결과도 없다.

− 모잠비크 −

●

노력 없이는 원하는 결과를 얻을 수 없다는 의미다.

어떤 성과를 얻기 위해서는 그에 맞는 준비와 노력이 필요

하며, 그 과정을 소홀히 하면 아무것도 얻을 수 없다.

즉, 성공이나 좋은 결과를 얻기 위해서는 꾸준히 땀을 흘리

고 준비해야 한다는 것을 말한다.

코끼리는 작은 개미를 무서워하지 않는다.

An elephant does not fear a tiny ant.

강한 사람은 작은 위협에 흔들리지 않는다.

– 잠비아 –

●

강한 사람이나 큰 존재는 작은 위협에 흔들리지 않는다는 의미다.

큰 힘이나 능력을 가진 사람은 작은 문제나 미미한 위협에 대해 걱정하지 않으며, 오히려 그것들을 무시하고 자신의 길을 간다. 자신의 위치와 실력이 확고한 사람은 작은 장애물이나 불안 요소에 흔들리지 않는다는 것을 말한다.

호수에 빠지기 전에 헤엄치는 법을 배워라.

Learn to swim before you fall into the lake.

위기가 오기 전에 준비하라.

– 보츠와나 –

●

위험한 상황에 처하기 전에 미리 준비하고 대비해야 한다는 의미다. 어떤 일이 일어나기 전에 그에 대한 대비를 해두는 것이 중요하며, 예상치 못한 어려움에 대응할 수 있는 능력을 기르는 것이 필요하다는 교훈을 준다.

즉, 위기 상황에 직면하기 전에 필요한 기술이나 지식을 미리 준비해야 한다는 것을 말한다.

모래 한 알도 함께 모이면 해변을 이룬다.

A single grain of sand, when joined
with others, makes a beach.

작은 것도 모이면 큰 힘이 된다.

– 나이지리아 –

작은 일이나 조그만 힘이 모이면 큰 결과를 이룰 수 있다는
의미다.

비록 각자 작은 힘일지라도, 그것들이 모여서 큰 성과나 결
과를 만들 수 있다는 교훈을 준다. 작은 노력들이 모여 큰
변화를 이끌어낼 수 있으므로, 하나하나의 작은 일이 중요
하다는 것을 말한다.

가장 빠른 치타도
뛰기 전에 자세를 잡는다.

Even the fastest cheetah
takes a stance before it runs.

준비가 중요하다.

– 케냐 –

●

성공적인 결과를 위해서는 준비와 계획이 중요하다는 의미
다. 어떤 일이든지 신속하게 행동하기 전에 충분한 준비와
점검을 거쳐야 한다는 교훈을 준다. 빠르게 진행하는 것도
중요하지만, 잘 준비된 계획이 있어야 효율적으로 성공할
수 있다는 것을 말한다.

새가 날개를 펼치지 않으면 날 수 없다.

A bird cannot fly without spreading its wings.

기회를 잡으려면 용기가 필요하다.

– 에티오피아 –

●

자신의 능력을 발휘하지 않으면 성공하거나 성취할 수 없다는 의미다.

어떤 기회나 가능성이 주어졌을 때, 그것을 활용하고 적극적으로 나서야만 원하는 결과를 얻을 수 있다는 교훈을 준다. 자신의 잠재력을 믿고, 기회를 잡고 도전하는 것이 중요하다는 것을 말한다.

숲에서 길을 잃었다면
그 나무들을 이용하라.

If you get lost in the forest,
use the trees to find your way.

문제 속에서 해결책을 찾아야 한다.

– 가나 –

•

어려운 상황에서 해답이나 방향을 찾기 위해 주어진 자원이
나 조건을 잘 활용하라는 의미다. 어려움에 처했을 때, 그
상황에서 제공되는 자원이나 기회를 잘 활용하면 해결책을
찾을 수 있다는 교훈을 준다. 즉, 어떤 문제에 부딪혔을 때
그것을 해결할 수 있는 방법은 이미 주어진 상황이나 자원
속에 있을 수 있으므로 잘 활용해야 한다는 것을 말한다.

89

강물은 돌아가도
바다를 향해 흐른다.

A river may bend,
but it still flows to the sea.

삶은 복잡해 보여도 목표를 향해 간다.

− 탄자니아 −

●

어떤 일이 잘못되거나 어려움이 있더라도, 결국 올바른 방향으로 나아가야 한다는 의미다. 인생이나 어떤 목표를 향한 여정에서 여러 가지 어려움이나 장애물이 있을 수 있지만, 본질적인 목표나 방향은 변하지 않으며 결국에는 그것을 향해 나아가야 한다는 교훈을 준다. 어떤 일이 예상대로 되지 않더라도, 결국 올바른 방향으로 가는 것이 중요하다는 것을 말한다.

닭이 울기 전에
새벽이 오지 않는다.

The dawn does not break before
the rooster crows.

모든 일에는 순서가 있다.

- 우간다 -

●

어떤 일이 일어나기 전에 반드시 그에 앞선 과정이나 조건
이 필요하다는 의미다.

모든 일이 자연스럽게 순서를 따라 진행된다는 교훈을 준
다. 즉, 어떤 결과나 변화가 나타나기 전에 그에 필요한 전
제조건이 반드시 있어야 한다는 것을 말한다.

91

가장 좋은 요리 냄비도
불 없이는 음식을
만들 수 없다.

Even the best cooking pot
will not produce food without fire.

행동 없이는 아무리 좋은 조건이나
자원도 효과를 볼 수 없다.

– 마다가스카르 –

좋은 도구나 조건이 있더라도, 그에 맞는 노력이 뒤따르지
않으면 아무것도 성취할 수 없다는 교훈을 준다.

즉, 아무리 좋은 환경이나 자원을 가지고 있어도, 그 자원을
활용할 수 있는 적절한 노력이나 행동이 있어야만 그 가치
를 발휘할 수 있다는 것을 말한다.

92

말함으로써 배운다.

You learn to speak by speaking.

경험을 통해 배우고 성장한다.

− 남아프리카공화국 −

●

단순히 듣거나 보는 것만으로는 진정한 학습이 이루어지지
않고, 실제로 말하거나 실천해 보면서 그 내용을 더 잘 이해
하고 배운다는 교훈을 담고 있다.

특히, 자신이 배운 것을 다른 사람에게 설명하거나 대화하
는 과정을 통해 그 지식이나 경험이 더욱 깊어지고, 내 것으
로 만들어진다는 의미다.

아이를 키우는 데는 마을이 필요하다.

It takes a village to raise a child.

아이를 잘 키우기 위해서는 공동체의 도움이 필요하다.

– 나이지리아 –

●

가족뿐만 아니라 이웃, 친구, 사회 등 모든 사람들이 함께 아이를 돌보고 교육해야 한다는 뜻이다. 아이의 성장은 단순히 부모만의 책임이 아니라, 전체 공동체의 책임이라는 관점을 반영한 속담입니다.
아이에게 좋은 환경을 제공하고 올바른 가치를 가르치기 위해서는 사회 전체가 함께 노력해야 한다는 의미다.

오세아니아

위험을 감수하지 않으면 아무것도 얻을 수 없다.

Kind words bring kind replies.

리스크가 있어야 성공할 수 있다.

– 호주 –

●

성공이나 큰 성과를 얻기 위해서는 일정한 위험을 감수하고 도전해야 한다는 의미다. 안전한 길만 추구하면 새로운 기회나 성과를 얻기 어려우며, 때로는 불확실하고 위험한 상황에서 결단을 내리고 도전하는 용기가 필요하다는 교훈을 준다. 큰 성과는 위험을 감수하는 사람에게 주어지며, 그만큼 노력과 용기가 중요하다는 것을 말한다.

넘어진 곳에서
다시 일어나라.

Kind words bring
kind replies.

실패한 곳에서 다시 시작해야 한다.

– 뉴질랜드 –

●

어려운 상황이나 실패를 겪었을 때, 그 경험을 통해 다시 일어서는 용기와 회복력을 가지라는 의미다. 넘어졌다고 포기하지 말고 다시 도전하고 일어설 수 있는 힘을 가져야 한다는 교훈을 준다. 이는 인생에서 어려움이나 실패를 경험했을 때 중요한 것은 그로 인해 좌절하는 것이 아니라, 다시일어나 앞으로 나아가는 자세라는 것을 강조한다.

바람이 없으면 파도도 없다.

No wind, no waves.

원인이 있어야 결과가 있다.

― 피지 ―

●

어떤 일이 일어나려면 반드시 그에 맞는 원인이나 조건이
있어야 한다는 의미다.

결과가 발생하려면 그에 필요한 원인이나 조건이 존재해야
한다는 교훈을 준다.

파도는 바람 때문에 일어나듯이, 어떤 일이 일어나기 위해서
는 그에 맞는 전제조건이 반드시 필요하다는 것을 말한다.

97

작은 나무도 오래되면
큰 숲이 된다.

A small tree, given time,
becomes a great forest.

작은 노력도 쌓이면 큰 결과를 만든다.

– 솔로몬제도 –

●

작은 일이나 시작도 꾸준히 성장하고 발전하면 큰 결과를 낳을 수 있다는 의미다.

처음에는 미미한 것일지라도, 시간이 지나면서 꾸준히 노력하고 발전하면 큰 성과를 이룰 수 있다는 교훈을 준다.

작은 시작이 중요한 것일 수 있으며, 점진적으로 발전해 나가면 큰 성과나 결과를 얻게 된다는 것을 말한다.

98

사람은 혼자 살 수 없다.

No one can live alone.

다른 사람들과의 관계와 상호작용을 통해
삶을 이루어 가는 것이 중요하다.

− 바누아투 −

●

사람은 사회적 존재로, 타인과의 관계와 협력이 필요하다는
의미다.

인간은 서로 의지하며 살아가야 하며, 혼자서는 모든 것을
해결할 수 없다는 교훈을 준다. 가족, 친구, 동료 등 다른
사람들과의 관계와 상호작용을 통해 삶을 이루어 가는 것이
중요하다는 것을 말한다.

99

코코넛 나무는 뿌리가 깊어야 오래 산다.

A coconut tree
must have deep roots to live long.

기초가 튼튼해야 성공한다.

– 니우에 –

•

어떤 일이든 튼튼한 기반이나 뿌리가 있어야 오래 지속될 수 있다는 의미다. 성공이나 안정적인 삶을 위해서는 단기적인 성과가 아닌, 깊고 탄탄한 준비와 기초가 중요하다는 교훈을 준다. 어떤 일을 오랫동안 지속하고 발전시키기 위해서는 튼튼한 뿌리, 즉 안정적이고 견고한 기초가 필요하다는 것을 말한다.

100

❦

물고기가 헤엄치는 방향을 보고 바다의 상태를 알 수 있다.

By watching fish, you can tell the sea's condition.

작은 변화를 관찰하면 큰 흐름을 이해할 수 있다.

— 키리바시 —

●

표면적인 모습이나 행동을 통해 그 이면에 숨겨진 상황이나 본질을 알 수 있다는 의미다. 외부의 작은 변화나 징후로부터 전체적인 상황이나 상태를 추측할 수 있다는 교훈을 준다. 물고기의 움직임이 바다의 상태를 반영하듯, 겉으로 드러난 작은 현상이나 행동들이 그 뒤에 숨겨진 더 큰 맥락을 알리는 단서가 될 수 있다는 것을 말한다.

101

물고기는 맑은 물에서
살아야 한다.

Fish must live in clean water.

깨끗한 환경이 중요하다.

– 뉴칼레도니아 –

정직하고 깨끗한 환경에서 살아야 사람이나 일이 번창할 수
있다는 의미다. 사람이든 일이든 좋은 결과를 얻기 위해서
는 도덕적이고 청렴한 환경에서 살아야 하며, 부정직하거나
혼탁한 환경에서는 번창할 수 없다는 교훈을 준다. 정직하
고 깨끗한 환경에서만 진정한 성공과 행복을 이룰 수 있다
는 것을 말한다.

바람을 거슬러 항해하는 배가 더 멀리 간다.

A boat sailing against the wind goes further.

어려움을 극복하면 더 성장할 수 있다.

– 폴리네시아 –

어려움이나 역경을 이겨내며 나아가는 사람이 더 큰 성취를 이루고 성장할 수 있다는 의미다. 도전과 역경을 극복하는 과정이 개인이나 조직을 더욱 강하게 만들고, 더 멀리 나아 갈 수 있게 한다는 교훈을 전달하는 말이다.

특히 노력, 끈기, 인내의 중요성을 강조하는 맥락에서 자주 사용된다.

103

한 마리의 돼지가 울면 다른 돼지도 따른다.

When one pig cries, the others follow.

주변의 영향을 받기 쉽다.

– 파푸아뉴기니 –

한 사람이 어떤 행동을 하면 주변 사람들도 따라 하게 된다는 의미다.

특히 집단적인 행동이나 분위기의 전염성을 강조할 때 사용된다. 예를 들어, 한 사람이 불평을 하면 다른 사람들도 따라서 불평을 하거나, 한 명이 어떤 감정(예: 불안, 공포 등)을 표현하면 주변 사람들에게도 쉽게 퍼질 수 있다는 것을 뜻한다.

104

조수가 오기 전에
배를 준비하라.

Prepare your boat
before the tide comes.

기회를 미리 대비하라.

– 통가 –

●

좋은 기회가 왔을 때 놓치지 않도록 미리 준비하라는 뜻이다. 사전에 철저히 대비하는 것이 중요하다는 교훈을 담고 있으며, 기회는 준비된 자에게 온다는 의미로 해석할 수 있다.

105

큰 나무는 작은 새에게도 그늘을 제공한다.

A big tree provides shade even for small birds.

강한 자는 약한 자를 보호해야 한다.

— 사모아 —

●

강하고 넉넉한 존재는 약한 존재에게도 도움을 베푼다는 의미다.

힘 있고 능력 있는 사람은 약한 사람까지도 배려하고 보살펴야 한다는 교훈을 주는 속담이다. 또한 넉넉한 마음을 가진 사람이 주변 사람들에게 자연스럽게 혜택을 주는 것을 강조한다.

106

태양은 모두에게
공평하다.

The sun is fair to everyone.

기회는 누구에게나 주어진다.

– 피지 –

●

자연이나 진리는 누구에게나 차별 없이 주어진다는 의미다.
기회나 혜택은 특정한 사람에게만 주어지는 것이 아니라,
모든 사람에게 공평하게 주어진다는 뜻으로 해석할 수 있
다. 또한 세상에는 차별 없이 누구나 누릴 수 있는 것들이
있다는 의미를 강조한다.

107

물을 조절할 수 있는
자가 땅을 지배한다.

He who controls the water
controls the land.

자원을 잘 활용하는 사람이 성공한다.

– 오스트레일리아 –

●

어떤 사회나 조직에서 중요한 요소(자원, 정보, 기술 등)를 장악
한 사람이 결국 주도권을 갖게 된다는 뜻이다. 예를 들어,
농경 사회에서는 물이 농사의 필수 요소이므로, 물을 효과
적으로 관리하는 사람이 땅을 지배할 수 있었다. 현대적으
로 해석하면 경제, 기술, 정보 등의 핵심 자원을 가진 사람
이 세상을 이끌어 간다는 의미로도 볼 수 있다.

큰 파도가 없으면 서퍼도 없다.

No big waves, no surfers.

도전이 없으면 발전도 없다.

– 뉴질랜드 –

●

어려움이나 도전이 있어야 성장과 기회도 생긴다는 의미다. 시련이나 장애물이 없으면 새로운 기회나 발전도 없으며, 도전이 있어야 진정한 실력과 성취가 드러난다는 뜻으로 해석할 수 있다. 서핑은 파도가 있어야 가능한 스포츠이듯이, 인생에서도 어려움이 있어야 발전할 수 있다는 교훈을 준다.

109

바닷물이 잔잔할 때
노를 젓는다.

Row when the sea is calm.

좋은 기회가 있을 때 움직여라.

– 투발루 –

●

상황이 좋을 때 미리 준비하고 행동해야 한다는 의미다.
모든 일이 순조롭고 안정적일 때 미래를 대비해야 한다는
교훈을 주는 속담이다. 바다가 잔잔할 때 미리 노를 저어야
안전하게 항해할 수 있듯이, 인생에서도 어려움이 닥치기
전에 준비를 해두는 것이 중요하다는 뜻이다.

고래를 잡고 싶다면 작은 물고기부터 낚아라.

If you want to catch a whale, start with small fish.

큰 목표를 이루려면 작은 일부터 시작해야 한다.

– 나우루 –

●

큰 목표를 이루기 위해서는 작은 것부터 차근차근 시작해야 한다는 의미다. 처음부터 너무 큰 것을 욕심내기보다, 현실적인 작은 목표를 하나씩 달성하면서 점진적으로 나아가는 것이 중요하다는 교훈을 준다. 인내심을 가지고 기본부터 쌓아야 궁극적으로 더 큰 성공을 이룰 수 있다는 뜻이다.

111

불씨를 꺼뜨리지 않으면 큰불로 번진다.

If you don't put out a spark, it will become a big fire.

작은 문제도 초기에 해결해야 한다.

– 바누아투 –

●

작은 문제를 방치하면 결국 큰 문제가 된다는 의미다.

사소한 실수나 문제라도 초기에 해결하지 않으면 점점 커져서 감당하기 어려운 상황이 될 수 있으므로, 미리 조치를 취해야 한다는 교훈을 준다. 특히 갈등, 실수, 위험 요소 등을 방관하면 나중에 더 큰 피해를 초래할 수 있음을 경고하는 말이다.

112

조용한 물이 깊이 흐른다.

Still waters run deep.

겉으로 드러나지 않는 사람이 지혜로울 수 있다.

− 팔라우 −

●

겉으로 드러나지 않는 사람이 오히려 깊은 지혜나 능력을
가지고 있다는 의미다.

말이 많거나 겉으로 과시하는 사람보다, 조용하고 신중한
사람이 더 깊은 생각과 실력을 가지고 있을 가능성이 크다
는 뜻이다. 또한, 겉보기에 평온해 보여도 속으로는 큰 힘이
나 깊은 뜻을 품고 있을 수 있다는 의미도 포함된다.

113

바람이 불 때
돛을 올려라.

Raise the sail
when the wind blows.

기회를 놓치지 말라.

– 피지 –

●

기회가 왔을 때 적극적으로 활용해야 한다는 의미다.
좋은 상황이나 기회가 찾아왔을 때 망설이지 말고 그것을
최대한 활용하여 성공을 이루어야 한다는 뜻이다. 바람이
불어야 배가 순조롭게 나아갈 수 있듯이, 인생에서도 좋은
기회가 왔을 때 적절히 행동하는 것이 중요하다는 교훈을
준다.

거북이는 꾸준히 걸어야 목적지에 도착한다.

A turtle must keep walking to reach its destination.

꾸준한 노력이 성공을 만든다.

– 파푸아뉴기니 –

●

비록 속도가 느리더라도 끈기 있게 노력하면 결국 목표를 달성할 수 있다는 의미다.

조급해하지 않고 인내심을 가지고 꾸준히 노력하는 것이 중요하며, 성급하게 달리기보다 한 걸음씩 나아가는 것이 성공의 비결이라는 교훈을 준다.

115

파우 나무는
파우 나무와 연결된다.

A fau tree is connected to
another fau tree.

서로 힘을 합쳐야 더 강해진다

– 사모아 –

●

개인의 노력도 중요하지만, 협력과 단결이 더 큰 성과를 가
져온다는 뜻이다.

어려운 일이나 큰 목표를 달성하기 위해서는 혼자보다는 여
러 사람이 힘을 합쳐야 한다는 교훈을 주는 속담이다. 개인
의 능력이 뛰어나더라도 혼자서는 한계가 있으며, 서로 협
력할 때 더 좋은 결과를 얻을 수 있다는 의미다.

116

나무가 오래되면
열매도 달다.

The older the tree,
the sweeter the fruit.

경험이 많을수록 더 큰 가치를 만든다.

– 통가 –

오랜 시간 노력하고 경험을 쌓으면 결국 좋은 결과를 얻을
수 있다는 의미다.

참을성과 인내를 가지고 꾸준히 노력하면 시간이 흐른 뒤에
보람찬 결실을 맺을 수 있다는 뜻이다. 이는 경험이 쌓일수
록 더 나은 결과를 얻을 수 있다는 교훈을 주며, 노력과 시
간이 가치 있는 성과로 이어진다는 의미로 해석할 수 있다.

117

손 안에 있는
새 한 마리가 덤불 속에
있는 두 마리보다 낫다.

A bird in the hand is worth
two in the bush.

자신이 가지고 있는 것을 소중히 여기고,
불확실한 것을 추구하지 말라.

— 오스트레일리아 —

●

현재 내가 가진 것이 불확실한 미래나 예상되는 것보다 더
가치 있다는 교훈을 전한다. 덤불 속의 두 마리 새는 가질
수 있는 가능성을 의미하지만, 손 안에 있는 한 마리 새는
이미 확실히 가지고 있는 것을 상징한다.

불확실한 기회를 추구하기보다는 확실한 것을 소중히 여기
고 지키는 것이 더 현명하다는 뜻이다.

118

계획을 세우지 않는 것은
실패를 계획하는 것이다.

Failing to plan is planning to fail.

계획의 중요성.

— 사모아 —

어떤 일을 시작하기 전에 명확한 계획을 세우지 않으면, 그 일이 제대로 진행되지 않거나 실패할 가능성이 크다는 의미다. 준비 부족이나 불확실한 접근은 실패로 이어질 수 있기 때문에, 성공적인 결과를 얻으려면 사전 계획이 반드시 필요하다는 교훈을 담고 있다.

여정이 보상이다.

The journey is the reward.

과정에 대한 존중과 지속적인 성찰.

- 뉴질랜드 -

●

목표를 이루는 것 만큼 그 과정을 거치는 경험도 중요하다는 의미다. 결과만을 중시하지 말고, 어떤 일을 하는 동안 겪는 경험과 배움이 그 자체로 큰 보상이라는 뜻이다.

목표를 이루는 것이 중요하지만, 그 과정에서 얻는 성장, 경험, 지혜 등이 이미 중요한 보상이 된다는 것을 말한다.

물고기의 크기가 아니라
어부의 기술이 중요하다.

It's not the size of the fish
but the skill of the fisherman.

결과보다 그 일을 해내는 능력과 기술이 더 중요하다.

– 투발루 –

어떤 일을 잘 해내는 능력이 결과보다 더 큰 가치를 지닌다
는 의미다.

일상 생활에서 어떤 일을 해결하려면 단순히 문제의 크기나
결과만 중요하지 않고, 문제를 해결하는 과정에서의 경험과
기술이 더 중요하다는 뜻이다.

아이의 손을 잡고 다니면, 세상이 열린다.

When you hold a child's hand, the world opens up.

아이를 돌보고 지도하면, 아이는 세상을 배우고 성장한다.

– 뉴질랜드 –

●

아이에게 필요한 교육과 지도가 부모나 보호자의 역할임을 강조한 속담이다.

아이에게 올바른 방향을 제시하고 세상에 대한 이해를 돕는 것이 부모나 보호자의 중요한 역할이라는 교훈을 준다. 아이에게 세상을 보여주는 것은 그들의 미래에 중요한 영향을 미친다는 뜻이다.

122

말을 물가로
데려갈 수 있지만,
마시게 할 수는 없다.

You can lead a horse to water,
but you can't make it drink.

강요한다고 결과가 바뀌지는 않는다.

− 사우디아라비아 −

●

다른 사람을 도울 수는 있지만, 결국 행동하는 것은 본인의
선택이라는 의미다. 아무리 좋은 기회를 주거나 조언을 해
줘도, 본인이 스스로 노력하고 행동하지 않으면 원하는 결
과를 얻을 수 없다는 뜻이다. 강요한다고 해서 누군가가 반
드시 변화하는 것은 아니며, 본인의 의지가 중요하다는 교
훈을 준다.

123

벌꿀을 원하면
벌의 침을 감수해야 한다.

If you want honey,
endure the bee's sting.

좋은 것을 얻으려면 희생이 필요하다.

– 이란 –

●

좋은 결과나 보상을 얻기 위해서는 반드시 어려움이나 고통
도 감수해야 한다는 의미다. 어떤 목표를 이루기 위해서는
반드시 노력과 인내, 때로는 희생이 필요하며, 쉽게 얻을 수
있는 것은 없다는 교훈을 준다. 원하는 것을 얻으려면 그에
따른 대가를 치를 각오를 해야 한다는 뜻이다.

124

낙타를 잃은 후에
문을 닫아도 소용없다.

Closing the door
after the camel is lost is useless.

일이 터지고 나서 후회해도 늦다.

– 아랍에미리트 –

●

문제가 발생한 후에 뒤늦게 대책을 세워봐야 아무 소용이
없다는 의미다. 일이 터지기 전에 미리 대비하는 것이 중요
하며, 후회하기 전에 예방 조치를 해야 한다는 교훈을 준다.
이미 낙타를 잃은 뒤에 문을 닫아봐야 소용이 없듯이, 사전
준비와 예방이 중요하다는 뜻이다.

125

빈 수레가
가장 큰 소리를 낸다.

An empty cart makes
the most noise.

아는 것이 없는 사람이 말이 많다.

– 이스라엘 –

●

실력이 없거나 아는 것이 적은 사람이 오히려 떠들기만 한
다는 의미다. 겉으로 요란하게 떠드는 사람일수록 실제로는
내실이 없거나 실력이 부족할 가능성이 크다는 뜻이다. 반
대로, 진짜 실력 있는 사람은 말이 적고 겸손하며 행동으로
보여준다는 교훈을 준다.

126

내일의 빵을 오늘 먹으면 내일은 굶는다.

If you eat tomorrow's bread today, you will starve tomorrow.

미래를 대비해야 한다.

– 이라크 –

미래를 생각하지 않고 당장 눈앞의 이익만 챙기면 결국 어려움을 겪게 된다는 의미다. 장기적인 계획 없이 현재의 욕심을 채우다 보면 나중에 고생할 수 있으므로, 절제하고 미래를 대비하는 것이 중요하다는 교훈을 준다.

127

비가 오지 않아도
우물을 파라.

Dig a well even if it does not rain.

미리 대비하는 것이 중요하다.

– 요르단 –

●

위기가 닥치기 전에 미리 대비하라는 의미다. 문제가 생긴
후에 급하게 해결하려 하기보다, 미리 준비하고 대비하면
어려움이 닥쳐도 당황하지 않고 잘 극복할 수 있다는 교훈
을 준다.

128

빠르게 가고 싶으면 혼자 가라. 멀리 가고 싶으면 함께 가라.

If you want to go fast, go alone.
If you want to go far, go together.

협력의 가치.

− 카타르 −

●

혼자 가면 결정을 빨리 내리고 신속하게 움직일 수 있어 단기적으로는 더 빠르게 목표에 도달할 수 있지만, 함께 가면 서로 돕고 협력하면서 어려움을 극복할 수 있어 장기적으로 더 멀리, 더 큰 목표를 이룰 수 있다는 뜻이다.

129

두 마리 토끼를 쫓으면
한 마리도 잡을 수 없다.

Chase two rabbits,
and you will catch neither.

욕심을 부리면 둘 다 놓친다.

– 레바논 –

●

한 가지 목표에 집중하지 않고 욕심을 부려 여러 가지를 동
시에 하려 하면, 결국 어느 것 하나도 제대로 이루지 못할
가능성이 크다는 교훈을 준다. 이 속담은 우선순위를 정하
고 한 가지에 집중하는 것이 중요하다는 점을 강조할 때 사
용된다.

❧━━━━━❧

입이 가벼운 사람은
비밀을 지킬 수 없다.

A light mouth
cannot keep secrets.

비밀은 쉽게 새어 나간다.

− 시리아 −

●

말을 쉽게 하는 사람은 비밀을 지키기 어렵다는 의미다. 말이 많은 사람은 자기도 모르게 비밀을 누설할 가능성이 크고, 이런 사람에게 중요한 정보를 맡기면 결국 비밀이 새어나갈 수 있다는 교훈을 준다. 이 속담은 비밀을 지키는 신중함과 말조심의 중요성을 강조할 때 사용된다.

강한 물줄기는
약한 돌을 부순다.

A strong stream breaks
weak stones.

끈질긴 노력은 강한 영향을 미친다.

– 요르단 –

•

끊임없는 노력과 강한 의지는 결국 장애물을 극복할 수 있다는 의미다.

지속적으로 강한 힘을 가하면 처음에는 단단해 보이는 것도 결국 무너질 수 있고, 끈기와 노력으로 어려운 상황을 극복할 수 있다는 교훈을 준다. 이 속담은 포기하지 않고 꾸준히 노력하는 것의 중요성을 강조할 때 사용된다.

132

낙타는 자기 등에 있는 혹을 보지 못한다.

The camel cannot see its own hump.

사람은 자신의 결점을 쉽게 보지 못한다.

− 사우디아라비아 −

사람은 자기 결점은 보지 못하면서 남의 결점만 지적한다는 의미다. 자신이 가진 단점이나 잘못은 쉽게 깨닫지 못하면서, 남의 단점이나 실수는 쉽게 찾아내어 비판한다는 교훈을 준다. 이 속담은 자신을 돌아보고 반성하는 자세의 중요성을 강조할 때 사용된다.

133

지혜로운 사람은 세 번
생각하고 한 번 말한다.

A wise person thinks three times
and speaks once.

신중하게 말하는 것이 중요하다.

– 아랍에미리트 –

지혜로운 사람은 말을 하기 전에 여러 번 생각하고, 신중하게 결정한 후에 말하므로 불필요한 실수나 오해를 피할 수 있다는 교훈을 준다. 이 속담은 말하기 전에 충분히 고민하고 생각하는 신중함을 강조할 때 사용된다.

134

열쇠가 문을 연다.

The key opens the door.

상황에 따라 적합한 해결책을 찾아야 한다.

– 카타르 –

●

문제를 해결할 수 있는 열쇠는 그 문제를 풀 수 있는 방법이
나 기회를 의미한다는 의미다.

문을 여는 열쇠처럼, 어떤 문제나 상황을 해결하려면 그 문
제에 맞는 적절한 방법이나 기회가 필요하다는 교훈을 준
다.

135

성공한 자는
많은 친구를 갖는다.

The successful man
has many friends.

성공하면 사람들이 몰려든다.

– 쿠웨이트 –

●

성공한 사람은 주변에 많은 사람들이 모여들고, 그로 인해
친구가 많아진다는 의미다. 성공을 이루면 사람들의 관심과
존경을 받게 되어 자연스럽게 많은 사람들과 관계를 맺게
되며, 그 결과로 많은 친구를 가지게 된다는 교훈을 준다.

136

고기가 물을 떠날 수
없듯이, 인간도 지식을
떠날 수 없다.

Just as fish cannot live without
water, man cannot live without
knowledge.

배움은 중요하다.

– 바레인 –

●

고기가 물을 떠날 수 없는 것처럼, 인간도 지식을 떠날 수
없고, 지식은 삶에 필수적인 요소라는 교훈을 준다. 사람은
지식을 통해 세상을 이해하고, 문제를 해결하며, 발전할 수
있기 때문에 지식은 항상 필요하다는 뜻이다.

137

바다에 나가지 않으면
진주를 얻을 수 없다.

Kind words bring kind replies.

모험 없이 성공은 없다.

— 오만 —

●

바다에 나가야 진주를 얻을 수 있듯이, 성공적인 결과나 큰 성과를 얻으려면 어느 정도의 위험이나 도전을 감수해야 한다는 교훈을 준다. 안전하고 편안한 상황에만 머물러 있으면 큰 기회나 성취를 얻기 어렵다는 뜻이다.

약한 개가 강한 개를 따라다니면 사냥하는 법을 배운다.

If a weak dog follows a strong dog, it learns to hunt.

좋은 롤모델을 따르면 성장할 수 있다.

– 예멘 –

●

약한 사람도 강한 사람과 함께하면 그 사람에게서 배워 성장할 수 있다는 의미다. 약한 개가 강한 개를 따라가면 그 강한 개의 행동이나 기술을 배우게 되듯, 성공적이거나 능력 있는 사람과 함께 있으면, 그 사람을 통해 많은 것을 배우고 성장할 수 있다는 교훈을 준다.

139

도둑이 한 번 들면
모든 문을 잠가야 한다.

When a thief enters once,
all doors must be locked.

한 번의 실수가 반복되지 않도록 대비해야 한다.

– 이라크 –

한 번 실수를 하면 이후에는 더욱 조심하고 대비해야 한다는 의미다. 도둑이 한 번 들면 이후에는 모든 문을 잠가야 하듯이, 한 번 실수나 위험이 발생하면, 그 경험을 바탕으로 더 철저하게 준비하고 예방책을 마련해야 한다는 교훈을 준다.

오늘 심은 나무가
내일 그늘을 만들어 준다.

The tree planted today
will give shade tomorrow.

지금의 노력이 미래를 만든다.

– 시리아 –

오늘의 노력이나 선행이 미래에 좋은 결과로 돌아온다는 의미다. 오늘 심은 나무가 내일 그늘을 만들어 준다는 말은, 지금 당장은 어려운 일이더라도 미래에 그 노력이 보상받을 수 있다는 교훈을 준다. 장기적인 안목으로 오늘의 노력을 기울이면, 그것이 나중에 큰 이익이나 좋은 결과로 돌아온다는 뜻이다.

141

지혜로운 자는
강을 보기 전에
다리를 만들지 않는다.

A wise man does not build a
bridge before seeing the river.

필요하지 않은 일을 미리 하지 않는다.

− 레바논 −

●

문제를 해결하기 전에 불필요하게 걱정하지 않는다는 의미
다. 강을 보기 전에 다리를 만든다는 것은 아직 문제가 발생
하지 않았는데 미리 대비하거나 걱정하지 말고, 문제나 상
황이 실제로 발생했을 때 그때 가서 해결책을 찾는 것이 더
효율적이라는 교훈을 준다.

142

한 줌의 소금이 바다를
더 짜게 만들지는 않는다.

A handful of salt does not make
the sea saltier.

작은 변화는 큰 흐름에 영향을 주지 않는다.

− 요르단 −

●

작은 일이 큰 영향을 미치지 않는다는 의미다. 한 줌의 소금
이 바다를 더 짜게 만들지 않듯이, 작은 일이나 미미한 변
화는 큰 전체에 큰 영향을 미치지 않는다는 교훈을 준다. 이
속담들은 작은 일이 큰 것에 영향을 미치지 않는 상황을 설
명하며, 큰 변화는 작은 일로 이루어지지 않는다는 뜻을 전
달한다.

143

피라미드는 하루아침에
세워지지 않았다.

The pyramids were not built
in a day.

위대한 일은 시간이 걸린다.

– 이집트 –

큰 성과나 목표는 시간이 걸리고 꾸준한 노력이 필요하다는
의미다. 피라미드를 세우는 데 오랜 시간이 걸린 것처럼, 큰
일이나 성공적인 결과는 하루아침에 이루어지지 않으며, 꾸
준한 노력과 시간이 필요하다는 교훈을 준다. 이 속담은 꾸
준함과 인내를 강조하며, 어떤 큰 목표를 이루기 위해서는
시간이 필요하다는 메시지를 전달한다.

지붕이 새면 작은 구멍도 무시해서는 안 된다.

When the roof leaks, even a small hole should not be ignored.

작은 문제도 무시하면 큰 문제가 된다.

– 팔레스타인 –

●

작은 문제도 방치하면 큰 문제가 될 수 있다는 의미다. 지붕의 작은 구멍도 무시하지 않고 수리해야 큰 피해를 예방할 수 있듯이, 작은 문제나 실수도 제때 처리하지 않으면 점차 커져서 더 큰 문제가 될 수 있다는 교훈을 준다.

145

뱀을 보았다면
지팡이를 준비하라.

If you see a snake,
prepare your stick.

위험을 대비하는 것이 중요하다.

− 이란 −

●

위험이나 문제를 예상하고 미리 대비하라는 의미다. 뱀을
보았다면 미리 지팡이를 준비하라는 것은, 예기치 못한 위
험이나 상황을 미리 인지하고, 그에 대한 대비책을 세우라
는 교훈을 준다. 위험이 발생하기 전에 준비하고 예방하는
것이 중요하다는 메시지를 전달한다.

새가 날고 싶다면
날개를 사용해야 한다.

If a bird wants to fly,
it must use its wings.

자신의 능력을 활용해야 한다.

– 터키 –

●

목표를 이루려면 주어진 자원이나 능력을 적극적으로 사용
해야 한다는 의미다. 새가 날고 싶다면 날개를 사용해야 하
듯이, 자신이 가진 능력이나 자원을 제대로 활용하지 않으
면 목표를 이룰 수 없다는 교훈을 준다.

147

배가 흔들린다고 바다를 탓하지 마라.

Do not blame the sea
because the boat rocks.

자기 문제를 환경 탓으로 돌리지 마라.

– 이스라엘 –

●

자신의 문제나 어려움을 외부 환경이나 상황 탓으로 돌리지 말고, 그 원인을 자신에게서 찾아야 한다는 의미다. 배가 흔들린다고 바다를 탓하지 말고, 자신이 처한 상황에서 어떻게 행동할지를 고민하고, 외부 환경이나 다른 사람 탓을 하지 말라는 교훈을 준다.

148

기회의 문은 두드려야
열린다.

The door of opportunity must be
knocked on to open.

기회를 얻으려면 행동해야 한다.

– 바레인 –

●

기회를 얻기 위해서는 적극적으로 행동해야 한다는 의미다.
기회의 문이 열린다는 것은, 기회를 얻기 위해서는 스스로
노력하고 시도해야 한다는 교훈을 준다. 기회는 기다리기만
하면 오지 않으며, 자신이 먼저 움직이고 두드려야 열린다
는 뜻이다.

당신의 손이 입을 가릴 수는 있지만, 진실을 가릴 수는 없다.

Your hand can cover your mouth, but not the truth.

진실은 감출 수 없다.

– 아랍에미리트 –

•

진실은 결국 드러난다는 의미다.

손으로 입을 가릴 수 있어도 진실은 숨길 수 없다는 것은,

아무리 진실을 숨기려 해도 결국에는 진실이 밝혀지게 된다

는 교훈을 준다.

150

여우의 꼬리를 잡는다고
여우가 되는 것은 아니다.

Holding a fox's tail
does not make you a fox.

흉내 낸다고 본질이 바뀌는 것은 아니다.

– 쿠웨이트 –

●

겉모습만 보고 본질을 알 수 없다는 의미다.

여우의 꼬리를 잡는다고 해서 여우가 되는 것이 아닌 것처
럼, 겉모습이나 외적인 특징만으로는 본질이나 진짜 가치를
알 수 없다는 교훈을 준다.

흐르는 물은 썩지 않는다.

Flowing water does not rot.

변화하는 것이 건강하다.

– 오만 –

●

계속해서 활동하고 변화하는 것이 중요하다는 의미다.

흐르는 물이 썩지 않는 것처럼, 끊임없이 움직이고 변화를 거듭하는 것이 생명력과 건강을 유지하는 데 중요하다는 교훈을 준다. 정체되거나 멈춰 있으면 문제가 생기기 쉽고, 계속해서 노력하고 발전하는 것이 중요하다는 뜻이다.

세상 모든 지식과 경험은 책이 될 수 있습니다.
책은 가장 좋은 기록 매체이자 정보의 가치를 높이는 효과적인 도구입니다.

아이디어스토리지는 다양한 생각과 정보가 담긴 여러분의 소중한 원고와
아이디어를 기다립니다.

- 원고 접수: ideastorge@naver.com